はじめに

　人類は地球上のさまざまな地域に暮らし、それぞれの地理的な条件や気候などの自然環境に合った生活を営んできました。そして、さまざまな文化をはぐくみ、受けついできました。日本の各地で、それぞれに特ちょうのある生活のしかたや文化が見られますが、沖縄では特に他の地域とは異なる面が見られます。それは、地理的条件や自然環境が異なることにもよりますが、それらに加えて、歴史的な歩みが独自だったことも関係しています。

　かつて沖縄は琉球王国という独立した国でした。日本の本土や中国、東南アジアなど、周辺の国や地域との交流の中でさまざまなえいきょうを受けながら、独自の文化を築きました。日本に組みこまれた後には、人口の4分の1が犠牲になるほどの悲惨な戦争を経て、アメリカの統治下に置かれるという、日本の他の地域とはちがった経験をしています。そのえいきょうは現在も沖縄のさまざまな面に残っています。現在の沖縄は、観光やレジャーに多くの人が訪れますが、その一方で、解決の難しい問題も多くかかえています。ただ、その多くは日本全体がかかえている問題でもあります。その意味で、「沖縄から日本が見える」とも言われているのです。

　このシリーズでは、「沖縄」に視点を置いて、「戦争と平和」を考えていきます。沖縄がどのようなところなのか、どのような歴史を歩んできたのか、今どのような問題があるのか、その解決策は…と考えることで、「戦争のない平和な世界を築くにはどうしたらよいのか」という課題に対する答えを探していきましょう。

　この巻では、琉球と沖縄の歴史をたどります。琉球王国がどのように日本に取りこまれたのか、その後どのように歩んだのかを知ることで、今の問題とのつながりが見えてくるはずです。

監修者　池上彰

教えて！
池上彰さん

沖縄から考える戦争と平和

監修 池上彰

okinawa kara kangaeru senso to heiwa

第2巻

沖縄の歩みと戦争

okinawa no ayumi to senso

小峰書店

もくじ

※この本は、とくに断りのない限り、2024年1月時点の情報にもとづいています。

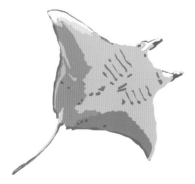

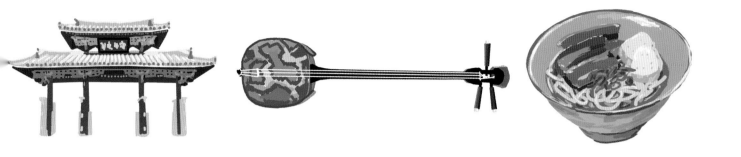

この本 の用語

【沖縄】沖縄県にふくまれる地域。

【沖縄島】沖縄県で最大の島で、那覇市がある。沖縄本島と呼ばれることもある。

【南西諸島】九州より南で、台湾より北東の島々。鹿児島県と沖縄県にまたがる。

【琉球諸島】沖縄島から波照間島まで(尖閣諸島をふくむ)の島々(大東諸島を除く沖縄県全域)。南西諸島の一部。

【沖縄諸島】沖縄島から慶良間諸島までの島々。南西諸島の一部で、琉球諸島の一部でもある。

【先島諸島】宮古島から波照間島まで(尖閣諸島をふくむ)の島々。南西諸島の一部で、琉球諸島の一部でもある。

【琉球王国】15世紀半ばから19世紀後半まであった琉球諸島を中心とする国。その範囲は時代によって異なる。

沖縄と琉球

沖縄の独特な文化の成り立ちや、現代まで続く問題は、沖縄の歴史を知ることで見えてくる。

沖縄を旅していると、「琉球」という言葉をよく目にするね。

そうだね。

ハルト

アキ

琉球ガラスとか、琉球舞踊とか…。

沖縄にある国立大学は、琉球大学だし…。銀行の名前にもなっている!

琉球大学

琉球銀行

そうなんだ!沖縄は昔、琉球王国という国だったからね。

ばーん

シーサー!

沖縄は、日本の本土とはちがった歩みをしてきたんだよ。

琉球王国って、どんな国だったのかな。

交易で栄えたって聞いたけど…。

それはね…。

4

船で広い範囲を航海して、ものを運べたからなんだ!

カラフルな船!!

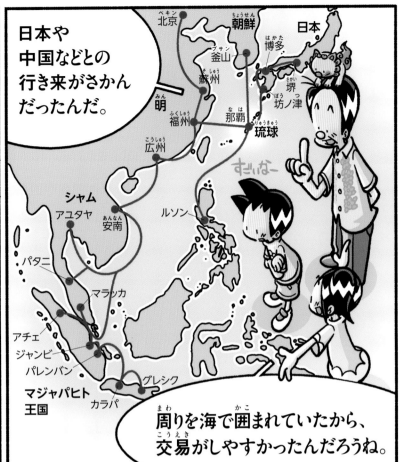

日本や中国などとの行き来がさかんだったんだ。

北京　ペキン
朝鮮　ちょうせん
日本　にほん
釜山　プサン
博多　はかた
蘇州　そしゅう
明　みん
堺っ津　さかいっつ
福州　ふくしゅう
那覇　なは
坊ノ津　ぼうのつ
琉球　りゅうきゅう
広州　こうしゅう
すごいなー
シャム
アユタヤ
安南　あんなん
ルソン
パタニ
マラッカ
アチェ
ジャンビ
パレンバン
グレシク
マジャパヒト王国
カラパ

周りを海で囲まれていたから、交易がしやすかったんだろうね。

琉球王国はいつまであったのかな?

どうして沖縄になったの?

それじゃあ、沖縄が歩んできた歴史について学んでいこう!

はい、知りたいです!

そして…、

戦争の悲劇のことも、きみたちにぜひ知ってほしい。

沖縄の歴史を知る旅に…。

出発!

先史時代の沖縄

発見された港川人

今から約10万〜1万年以上前の地球は地表が氷でおおわれた氷河時代でした。当時は、海面が今よりかなり低く、現在の沖縄は、アジア大陸と地続きでした。このころ、沖縄にも大陸から人類が移り住んだと考えられています。

簡単な石器をつくって使っていた時代を旧石器時代といいます。沖縄では旧石器時代の人骨が数多く見つかっています。そのひとつが港川人です。港川人は、1968（昭和43）年に、ほぼ完全な骨格で見つかりました。研究の結果、約2万2000年前に暮らしていた人々だとわかりました。これは、日本の本土をふくめて最も古い人類のひとつです。

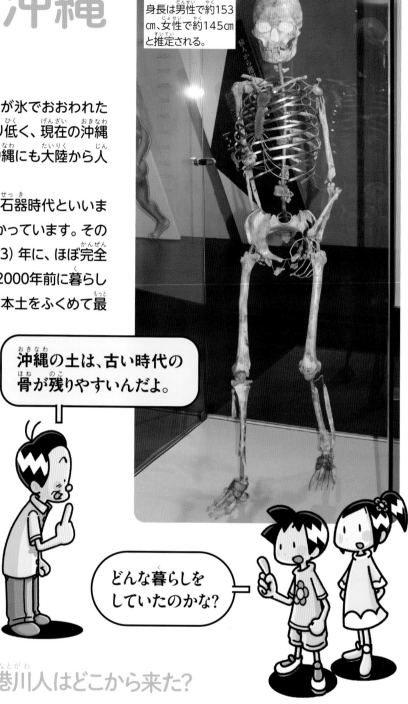

港川人の骨格模型。身長は男性で約153cm、女性で約145cmと推定される。

八重瀬町立具志頭歴史民俗資料館

ChameleonsEye/Shutterstock.com

オーストラリア先住民のアボリジニ。

沖縄の土は、古い時代の骨が残りやすいんだよ。

どんな暮らしをしていたのかな？

八重瀬町立具志頭歴史民俗資料館

縄文人の祖先としての特ちょうを強調してえがかれた港川人の顔の想像図。

港川人はどこから来た？

港川人が発見されたころは、中国大陸南部で見つかった人骨に似ているとして、中国南部から移動してきたのではないかと考えられました。しかし、その後の研究で、東南アジアやオーストラリアの先住民（アボリジニ）に近いという説が出ています。これが正しいとすると、港川人は、はるか南方から船でわたってきたことになります。

港川人は、日本本土の縄文人と似ているとして、その祖先ではないかと考える人もいます。しかし、そうではないという説もあり、いまだにはっきりしていません。

貝塚をつくった人々

旧石器時代のあと、本土では土器を使う縄文時代、農耕をする弥生時代と続きますが、沖縄では貝塚文化の時代に入ります。

貝塚とは、人々が食べた貝の殻などを捨てた場所です。沖縄の人々は、魚介類や動物をとって生活をしていました。そして、貝殻や動物の骨を捨てたあとが貝塚として残っています。沖縄では、このような貝塚時代が、本土の平安時代半ばまで続きました。

貝塚の近くで暮らす人々(復元模型)。

沖縄県立博物館・美術館

沖縄の時代区分

本土と異なる歩みをしてきた沖縄は、時代区分も本土とは異なります。

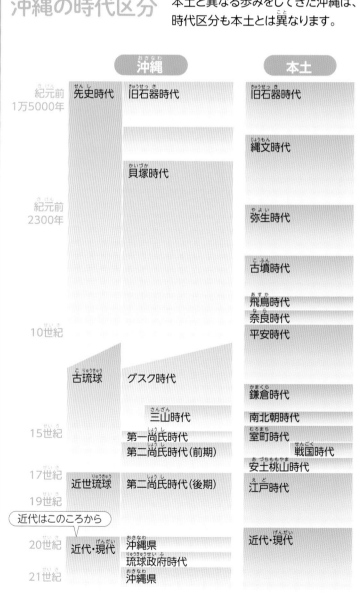

	沖縄		本土
紀元前1万5000年	先史時代	旧石器時代	旧石器時代
			縄文時代
		貝塚時代	
紀元前2300年			弥生時代
			古墳時代
			飛鳥時代
			奈良時代
10世紀			平安時代
	古琉球	グスク時代	鎌倉時代
		三山時代	南北朝時代
15世紀		第一尚氏時代	室町時代
		第二尚氏時代(前期)	戦国時代
			安土桃山時代
17世紀	近世琉球	第二尚氏時代(後期)	江戸時代
19世紀			
	近代はこのころから		
20世紀	近代・現代	沖縄県 琉球政府時代	近代・現代
21世紀		沖縄県	

「貝の道」で遠くに運ばれた貝

周りを海に囲まれた沖縄では魚介類が豊富で、貝を加工したうで輪や首かざりなどがさかんにつくられました。これらの貝製品から、沖縄と日本本土の弥生人との間に交流があったことがうかがえます。貝製品は、九州や近畿地方、日本海沿岸などに運ばれました。この海路を「貝の道」と呼んでいます。

沖縄でつくられた貝製品が、遠くはなれた北海道でも発見されています。

→ 貝の道

対馬
種子島
屋久島
奄美大島
沖縄島

グスク時代から三山時代へ

農耕の始まりと暮らしの変化

　沖縄の貝塚時代は、紀元前7000年ごろから12世紀ごろまで続きました。12世紀ごろになると、沖縄でも米や麦、あわの栽培や牛の飼育をする農耕が広がりました。

　それまで海の近くに住んで魚介などをとって暮らしていた人々も、農耕が広がると琉球石灰岩の台地で暮らすようになりました。農耕がさかんになるにつれて人々の生活が安定し、人口が増えましたが、一方で貧富の差や身分のちがいがはっきりするようになりました。やがて各地に指導者が現れ、グスク（城）と呼ばれるとりでを築きました。指導者が率いる集団は、ほかの地域の集団と勢力争いをくり返し、「按司」と呼ばれる権力者が出現するようになります。15世紀半ばまで続くこの時代を、「グスク時代」と呼びます。

グスクのひとつ、座喜味城。上の写真は空から見たところ。グスクは戦いのためのとりでとしてだけでなく、聖域や集落としての役割もはたしていた。

三山時代の沖縄島

今帰仁城。

北山

名護。

座喜味城。

中山　勝連城

浦添城　中城城

那覇。　首里城

南山

島尻大里城

0　　　　20km

3つの勢力に分かれる

　各地の按司たちは、武力によって勢力を広げていきました。かれらは農民から税を取り立てるほか、他地域との交易をしてさらに力をつけていきました。

　14世紀になると、按司たちを治める「世の主」と呼ばれる権力者が現れ、北山、中山、南山の3つの勢力にまとまっていきました。この時代を「三山時代」と呼びます。

三山時代は、約100年間続いたよ。

8

明に使いを送る

　沖縄が3つの勢力に分かれていたころ、中国では明という国が建てられていました。明は東アジアの国々に対して、自国に使者を送り明の下につくことを示すようにうながしました。このような関係を朝貢といいます。

　1372年、明の使節が中山王のもとを訪れ、明に朝貢するようにと伝えました。中山王は明に使節を送って明から王として認められ、使節が明に送ったみつぎ物に対する返礼品によって大きな利益を得ました。間もなく、北山、南山も明に朝貢しました。この後、三山の王が明に朝貢する関係が続きました。

　明に朝貢することで、三山の王は明の権力を背景に地域の支配をより強めることができました。また、明との交易が許されるため、多くの利益が得られ、さらに明の進んだ文化をとり入れることができました。

琉球から明に使節を送ったときの様子。

沖縄県立博物館・美術館

明から琉球に送られた使節。

沖縄県立博物館・美術館

琉球王は源氏の子孫!?

　沖縄の伝説で初代中山王とされる舜天は、源為朝の子どもだとする話が17世紀の歴史書にのっています。源為朝は、1156年の保元の乱で平氏に敗れて伊豆大島に流された源氏の武将です。その後、島を脱出したもののあらしで流されて琉球にたどりつき、現地の女性との間に生まれた子どもが舜天であるとしています。これは伝説にすぎず、日本と琉球の先祖が同じであることを示すためにつくられたもののようです。

源為朝が上陸したとされる場所にある石碑（今帰仁村）。

今帰仁村歴史文化センター

琉球王国の誕生

尚巴志が三山を統一

南山の按司だった尚巴志は、沖縄島の統一をめざし、しだいに勢力をのばしていきました。尚巴志は、1406年に中山王をほろぼし、自分の父を王位につけます。父の死後は自ら中山王となり、北山と南山をたおして、1429年に沖縄島を統一しました。ここに琉球王国が始まりました。

尚巴志は尚という姓を名乗り、これが以降の歴代国王の姓になりました。尚巴志は、明や日本、東南アジアの国々との交易をさかんに行い、各地の文化が沖縄に伝わりました。

首里が整備される

尚巴志は、それまでの拠点であった浦添から首里に拠点を移し、琉球王国の首都として整備しました。王の住まいと政治を行う場所として首里城を築いたほか、首里城の近くに、明の様式を参考にした庭園を設け、龍潭という人工池をつくりました。

こうして整備された首里は、その後長い間、琉球王国の政治と文化の中心となりました。

読谷村にある尚巴志の墓。

読谷村

人工池の龍潭(那覇市)。

©PIXTA

小高いおかの上に建てられた首里城は、曲線的な城壁で囲まれている(2019年に9施設が焼失)。

国営沖縄記念公園(首里城公園)

首里城近くの庭園の造成を記念して建てられた「安国山樹華木之記碑」。沖縄で最古の碑。

沖縄県立博物館・美術館

クーデターで尚円が王になる

尚巴志の死後、琉球王国では、武力による権力争いが起こるようになります。1470年にクーデターが起こり、琉球王国に仕えていた金丸が尚円王として即位します。そのため、尚巴志が建てた琉球王国を第一尚氏王統、尚円以降の琉球王国を第二尚氏王統といいます。

第二尚氏王統の第3代王の尚真は、1477〜1526年の50年間にわたって国王の位にあり、身分制度を整備するなど中央集権体制を整え、領土を広げて琉球王国の最盛期を築きました。

尚真王の肖像画。1796年にかかれたもの。

沖縄県立芸術大学附属図書・芸術資料館 鎌倉芳太郎撮影

©OCVB

第二尚氏王統歴代王の墓である玉陵。尚真が創建した。

尚真は、王を頂点とする統治体制を強くしたよ。

円覚寺。尚真が祖先をとむらう寺院として創建した。戦災で焼け、復元されたもの。

©PIXTA

沖縄の仏教

日本には6世紀半ばに仏教が伝来しましたが、沖縄に仏教が伝わったのは13世紀半ばのことで、那覇に漂着した禅鑑という僧によるものだといわれています。その後、仏教に帰依し、寺院を建てた国王もいました。沖縄では仏教は、王族や身分の高い人々が信仰することがほとんどで、一般の間に広まることはありませんでした。

1368年に創建された護国寺（那覇市）。沖縄県で現存する最古の寺院。建物は戦後に再建されたもの。

那覇市

東アジア交易の拠点として

交易で栄えた琉球王国

　明に朝貢する国々の中で、琉球王国は特別なあつかいを受けていました。ほかの国は朝貢の回数や利用できる港に制限がありましたが、琉球王国はどちらも制限がありませんでした。また、明から琉球王国に対して大型船が多数あたえられ、その修理もしてくれました。

　琉球王国は明からあたえられた船を利用して明、日本、朝鮮、東南アジア諸国と交易をするようになり、繁栄しました。東南アジアの品を日本に売り、日本の品を明に売るといった中継貿易で利益を上げたのです。

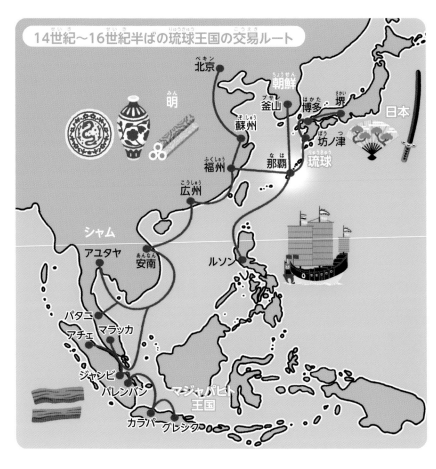

14世紀〜16世紀半ばの琉球王国の交易ルート

北京　明　朝鮮　釜山（プサン）　堺　博多　日本　蘇州　坊ノ津　福州　那覇　琉球　広州　シャム　アユタヤ　安南　ルソン　パタニ　マラッカ　アチェ　ジャンビ　パレンバン　マジャパヒト王国　カラパ・ブレシタ

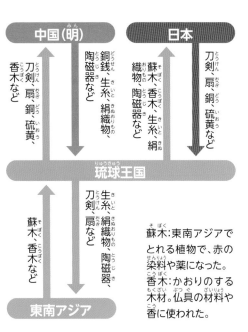

中国（明）		日本	
銅銭、陶磁器など → 琉球王国 ← 刀剣、扇、銅、硫黄、香木など		刀剣、扇、銅、硫黄など → 琉球王国 ← 蘇木、香木、生糸、絹織物、陶磁器など	

琉球王国　↑ 生糸、絹織物、陶磁器、刀剣、扇など　↓ 蘇木、香木など　東南アジア

蘇木：東南アジアでとれる植物で、赤の染料や薬になった。
香木：かおりのする木材。仏具の材料や香に使われた。

海に囲まれているので交易がしやすかったんだね。

琉球王国の繁栄を示す鐘の文

　当時の琉球王国の繁栄ぶりを、鐘に書かれた文章が示しています。「万国津梁の鐘」には、「琉球は南海のめぐまれた場所にある。朝鮮の優れた文化を取り入れ、明や日本と重要で密接な関係にある。琉球は理想的な島であり、船を利用して諸国のかけ橋になり、国内には各地の産物やめずらしい品であふれている」と書かれています。

沖縄県立博物館・美術館

万国津梁の鐘（1458年）。首里城正殿前にかけられていた。

琉球文化が栄える

　琉球王国が各地と交流することで、さまざまな品や文化が沖縄に伝わり、やがて琉球文化が形づくられていきました。13世紀に日本から文字が伝わったことで、古くから琉球で歌われてきた歌謡をまとめた『おもろさうし』が編集されました。14世紀後半～15世紀初めには明から三線が伝わり、三線の演奏とともに歌う琉歌が確立しました。沖縄の独特の酒である泡盛は、15世紀末にシャム（現在のタイ）または明から伝わった製法によりつくられるようになったとされています。

『おもろさうし』は、16～17世紀に3度にわたって編さんされた。ほとんどがひらがなで書かれている。

沖縄県立博物館・美術館

泡盛は、米を原料とした沖縄独自のしょうちゅう。

©PIXTA

交易のおとろえと領土の拡大

　16世紀になると、東シナ海で倭寇と呼ばれる海賊による被害が多くなりました。また、明がそれまでとっていた海禁策（民間人の交易を禁じる命令）をゆるめると、明の商船が交易をするようになりました。さらに、西洋のポルトガルやスペインが東アジアにも進出してきました。これらのえいきょうで琉球王国の交易はおとろえ、1570年にシャムに貿易船を送った後は、東アジアでの貿易が行われなくなりました。

　15～16世紀に、琉球王国は奄美諸島や先島諸島に軍を送ってしたがわせ、その領土が最大になりました。これは交易による利益の減少を補うために行ったものと考えられています。

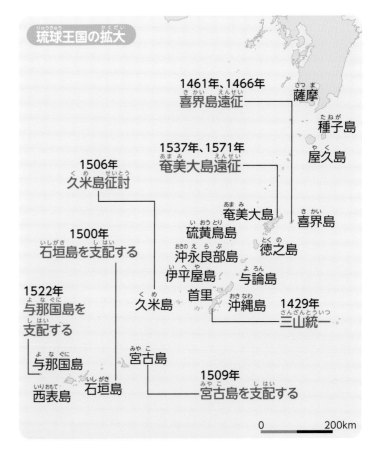

琉球王国の拡大

1461年、1466年
喜界島遠征

薩摩

種子島

屋久島

1537年、1571年
奄美大島遠征

1506年
久米島征討

奄美大島

喜界島

硫黄鳥島

徳之島

1500年
石垣島を支配する

沖永良部島

与論島

伊平屋島

1522年
与那国島を
支配する

久米島

首里

沖縄島

1429年
三山統一

与那国島

宮古島

1509年
宮古島を支配する

西表島

石垣島

0　　　　200km

海岸沿いの集落をおそう倭寇。「日本人の海賊」という意味だが、実際には明国人が多かった。

東京大学史料編纂所

薩摩藩の琉球支配

薩摩藩が琉球に侵攻する

日本では16世紀末に豊臣秀吉が全国統一をはたし、その後、徳川家康が江戸（現在の東京）に幕府を開いていました。そのころ、島津氏が治める薩摩（鹿児島）藩では、戦いが続いたことによる財政の悪化や家臣たちの反発が高まるといった問題が起こっていました。そこで、これらの問題を解決するために、琉球王国への侵略が計画されました。

1609年、島津氏は約3000名の兵を送り、奄美大島などを経て沖縄島にも上陸してきました。軍事力のとぼしい琉球王国は島津軍に対抗できずに降伏。国王は薩摩に連行されました。また、奄美諸島は薩摩藩にゆずることになりました。

この後、江戸時代を通じて琉球王国は形式的には独立を保ちながら、薩摩藩に支配されることになりました。

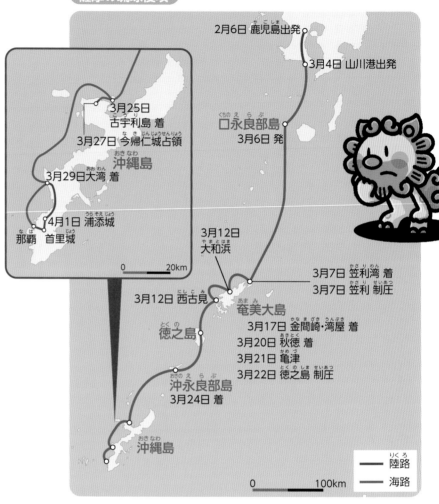

薩摩の琉球侵攻

2月6日 鹿児島出発
3月4日 山川港出発
口永良部島 3月6日 発
3月25日 古宇利島 着
3月27日 今帰仁城占領
沖縄島
3月29日 大湾 着
4月1日 浦添城
那覇 首里城
0 20km
3月12日 大和浜
3月7日 笠利湾 着
3月7日 笠利 制圧
3月12日 西古見
奄美大島
3月17日 金間崎・湾屋 着
3月20日 秋徳 着
3月21日 亀津
3月22日 徳之島 制圧
徳之島
沖永良部島
3月24日 着
沖縄島
陸路
海路
0 100km

中国（明・清） / **日本**

朝貢する。

冊封する（国王であると認める）。

使節を送る。

明・清との貿易を独占する。

薩摩藩が支配し、年貢を取り立てる。

琉球王国

江戸時代の琉球王国

薩摩藩の琉球侵攻は江戸幕府の許しを得て行われたもので、琉球王国は、薩摩藩の支配を通じて幕府の配下に組みこまれることになりました。

薩摩藩は奄美諸島を直接支配し、琉球諸島は琉球王国のまま統治しました。琉球王国内では、耕地からとれる米の量を調べる検地が行われ、生産高の一部を薩摩藩に納めることと定められました。

同時に、琉球王国はそれまでどおり、独立国として明や明についで中国を支配した清に朝貢を続けていました。薩摩藩としては、琉球王国を通じて行われる中国との交易を独占することが目的でした。江戸時代の琉球王国は、日本と中国の二重支配の下でバランスをとりながら独立を保っていたのです。

薩摩を出る琉球使節の船。

江戸へ向かう琉球王国の使節。

> たくさんの見物人がいたそうだよ。

江戸に使節を送る

　琉球王国は、江戸幕府の将軍が変わるたびに、それを祝う慶賀使という使節を江戸に送りました。また、国王が即位すると幕府に感謝を伝えるための謝恩使という使節を送りました。これらの使節は、沖縄から大阪までは船で、大阪から江戸までは陸路を通り、薩摩藩の武士にともなわれて向かいました。使節は異国風をよそおうことを命じられていました。これは、幕府が異国を従えていることを世に示してその権威を強める目的がありました。また、島津氏にとっては使節を導くことで地位を高めることになりました。

　この使節は江戸立（江戸上り）といわれ、江戸時代を通じて18回送られました。

サトウキビからつくる黒糖。
©PIXTA

専売商品だったウコン。
©PIXTA

新しい産業が起こる

　16世紀までは交易で大きな財を得ていた琉球王国でしたが、それがなくなると、新しく利益をもたらす産業が必要となりました。サトウキビのしるをつめてつくる黒糖や漢方薬になるウコンは、大阪に運ばれて高く売れました。その利益をもとに清との貿易を行うことで自国の財政をまかなっていました。

幕末の琉球

日本近海にも外国船が現れたよ。

1840年にイギリスと清の間でアヘン戦争が起こる。清が敗れ、香港島をゆずり、賠償金をはらうことになった。これを機に、イギリス、フランス、ロシア、アメリカがアジア進出の度合いを強めていくことになった。

公益財団法人東洋文庫

欧米諸国のアジア進出

　17世紀前半以来、日本はオランダ以外のヨーロッパの国々とはつきあいをしない鎖国体制をとっていました。琉球王国も清と日本以外の国とはつきあいがありませんでした。

　18〜19世紀のヨーロッパでは、産業革命が起こって工業がさかんになりました。イギリス、フランスをはじめとした大国は、安い原料を手に入れ、製品を売る場所としてアジアに進出するようになりました。

　19世紀には、イギリス、フランスなどが清に本格的に進出し、琉球王国の近くにも欧米の船が現れるようになっていました。

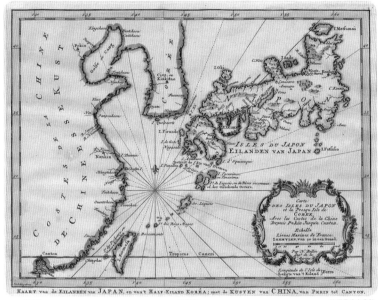

18世紀にヨーロッパでつくられた地図。琉球王国がえがかれている。

沖縄県公文書館

フランスが琉球に開国を要求

　1844年、フランスの軍艦が那覇を訪れ、貿易とキリスト教の布教を求めて開国をせまりました。琉球はこれを断りましたが、フランスは次に来たときに回答するようにと言い残して立ち去りました。2年後に再びやってきたフランスは、薩摩藩の支配からはなれるためにも交易をすべきだといいましたが、琉球はこれを断り、交渉は進まないままフランスは去っていきました。

ペリーの琉球来訪と条約の締結

イギリスやフランスよりアジア進出がおくれたアメリカは、太平洋での捕鯨船の寄港地として日本の港を利用したいと考え、日本を開国させるため、ペリー提督を派遣しました。1852年11月にアメリカ東海岸を出発した一行は、大西洋、インド洋を通って翌年5月に琉球王国にやってきました。ペリーは首里城に向かい、役人に強い態度で臨みました。これは、その後の日本との交渉がうまくいかなかった場合は、琉球を占領するつもりだったからだといわれています。

ペリーは、6日間にわたって沖縄島を調査し、軍艦1せきを残して去っていきました。その後、ペリーは江戸に近い浦賀（現在の神奈川県）に現れ、人々をおどろかせます。こうした圧力によって、日本は1854年に開国することになりました。

1854年、ペリーは再び琉球王国を訪れ、琉米修好条約を結ばせました。これによって、琉球王国も開国することになったのです。

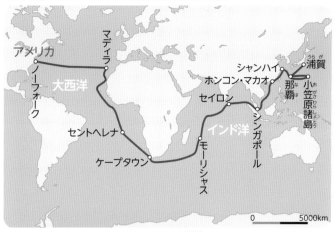
ペリー一行の航路（1852～1853年）

アメリカ ノーフォーク 大西洋 マデイラ セントヘレナ ケープタウン モーリシャス インド洋 セイロン シンガポール シャンハイ ホンコン・マカオ 那覇 浦賀 小笠原諸島

0 5000km

那覇市
ペリー提督上陸之碑。那覇市内の外人墓地に立てられている。

Cynet Photo
マシュー・ペリー（1794～1858年）。アメリカの海軍軍人。1852年に東インド艦隊司令長官になり、琉球王国や日本を訪れた。

©OCVB
沖縄に上陸したペリー一行の様子。

©OCVB
ペリー一行は、沖縄島の地質や生物の調査をした。

外国人の見た琉球は？

1816年に琉球を訪れたイギリスのバジル・ホールは、40日間にわたって滞在し、そのころの琉球の人々の印象を、「琉球の人々は、おだやかな表情で、理知的である。内気でつつしみ深く、親切で人づきあいがよい。貧富の差がなく、みな幸福に暮らしている」と書き残しています。外国人の目には、琉球の人々は好感度が高く映ったようですね。

イギリスの海軍士官だったバジル・ホール（1788～1844年）は、朝鮮と琉球王国を訪れて『朝鮮西岸及び大琉球島探検航海記』を著した。

沖縄県公文書館

琉球処分

明治新政府の方針

　1867年、日本では300年近く続いた江戸幕府がたおれ、明治新政府を中心とした新しい時代が始まりました。新政府は日本の近代化を進めるため、富国強兵（国を豊かにし、強い軍備を持つ）、殖産興業（産業を興し、さかんにする）という方針を打ち出しました。そして、天皇を中心とする中央集権体制を築くため、江戸時代にあった藩を廃止し、新しく県を置きました（廃藩置県）。

　そのころ琉球では、独立国として日本と清の二重の支配を受けるしくみが続いており、1866年に行われた尚泰王の即位式に、清からの使節をむかえていました。しかし、日本の政治体制の変化は、琉球の運命を変えようとしていたのです。

> このころの新政府の改革を明治維新と呼んでいるよ。

尚泰王。第二尚氏王統の第19代国王として、1848年にわずか4歳で即位した。
東恩納寛惇 著『尚泰侯実録』、櫛引成太、大正13. 国立国会図書館デジタルコレクション
https://dl.ndl.go.jp/pid/1020228 (参照 2024-02-29)

琉球藩が置かれる

　明治政府は、日本の領土を確定し、外国との関係を近代的なものにしていこうと考えていました。そのため、琉球を清の支配から切りはなして日本の領土に組み入れようとしました。

　1871（明治4）年に廃藩置県が行われ、薩摩藩が鹿児島県になると、琉球はその管轄下に置かれました。1872（明治5）年、政府から琉球に、新政府誕生を祝う慶賀使を送るよう要請がありました。東京に出向いた慶賀使に対して、政府は「琉球を琉球藩とし、尚泰王を藩王とする」といいわたし、琉球はこれを受け入れざるを得ませんでした。琉球は鹿児島県の一部から、政府が直接統治する地域になったのです。

那覇市歴史博物館

1872年に琉球が東京に送った慶賀使。琉球からの最後の慶賀使となった。

琉球王国の終わり

やがて政府は琉球藩として続いていた琉球王国を廃止して日本の一部とする方針を固めます。1875（明治8）年、政府は琉球に役人を送り、清との関係を絶つことなどの命令を伝えました。しかし、琉球藩内にはそれに反対する人も多く、清からも強い抗議を受けました。

1879（明治12）年、政府は琉球に軍隊と警察官を送り、武力で琉球王国を廃止し、沖縄県を置くことを認めさせました。首里城は明けわたされ、尚泰王ら王族は日本の華族（貴族に当たる身分）として東京に移り住むことになりました。

こうして約450年続いた琉球王国は終わり、沖縄県の設置が強行されました。これらの動きを「琉球処分」といいます。

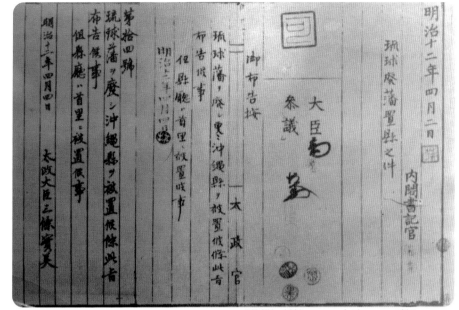

那覇市歴史博物館

琉球藩を沖縄県とする布告。全国に通達された。

琉球をめぐる清との対立

日本が琉球を自国の領土にしたことを、長い間琉球の宗主国（他国に強い権限を持つ国）だった清は認めませんでした。旧琉球王国の中にも、清と仲よくしたほうがよいと考える人も少なくなく、琉球処分を機に清に亡命した人もいました。

清はアメリカ前大統領のグラントにこの問題の解決をたのみました。グラントのはたらきかけもあって、日本政府の中にも琉球諸島の一部を清にゆずって問題を解決しようとする動きもありました。しかし、結局、清との交渉はまとまらないまま、1894（明治27）年に朝鮮の権益をめぐって日本と清の間に日清戦争が起こりました。この戦争に勝った日本は、清から台湾をゆずり受けました。そのとき結ばれた下関条約で、清は沖縄を日本の領土と認めました。

強引に日本領にしたんだね。

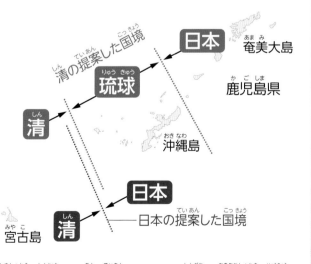

現在の国境　尖閣諸島

台湾　与那国島　石垣島　宮古島

清の提案した国境　日本　奄美大島　鹿児島県　琉球　清　沖縄島　日本　清　日本の提案した国境

日本は、沖縄諸島までを日本領、先島諸島を清領とする案を提案した。いっぽう清側は、沖縄諸島を琉球王国とする案を提案した。日本と清の交渉しだいでは、先島諸島が中国領になる可能性もあった。

19

民権運動の高まり

古い制度を残した政策

1879（明治12）年の琉球処分を受けて、政府が県令（県知事に当たる）を派遣しました。県庁が那覇に置かれて沖縄県政が始まりましたが、県の職員の多くは県外出身者でした。

政府は「沖縄は日本の一部だが、本土から遠く、土地制度や税金のしくみ、習慣などが異なるので、これまでの古い制度を残す」という政策（旧慣温存策）をとります。ところが、この政策によって、昔ながらの重い税に苦しむ人々もいました。結果的に沖縄の近代化がおくれ、本土との経済的な差が開いたままになってしまいました。

那覇市歴史博物館

旧沖縄県庁。薩摩藩の奉行所跡にあった。

宮古島の人頭税

宮古島では、人頭税という税のしくみが江戸時代から明治時代になっても続いており、貧しい人々に大きな負担となっていました。人頭税とは、貧富の差に関係なく15〜50歳の男女全員に課せられた税で、農作物や織物などで納めます。税の取り立てが厳しく、作物が不作の年でも決まった分だけ納めなければならないため、貧しい人々は休む間もなく働かなければなりませんでした。

1893（明治26）年に人頭税の廃止を求める運動がおこりますが、役所は取り合わず、1903（明治36）年にようやく廃止されました。

宮古島の人頭税石。この石より背が高くなると人頭税がかけられたと伝えられる。

©PIXTA

本土人ににぎられた経済

沖縄県が置かれると、本土から役人や警察官、教員、商人など多くの人が移住してきました。かれらは寄留人と呼ばれ、特に商業を営んでいる人は寄留商人といわれていました。寄留商人の多くは、大阪や鹿児島から来た人たちでした。明治時代には、沖縄の経済も上向いていきましたが、米や砂糖など利益が大きい品物の取り引きは、寄留商人が独占していました。

明治時代の女学生の運動会。首里城前の広場で行われたときの様子。

那覇市歴史博物館

学校教育が始まる

　明治政府は、国の近代化のためには教育が重要であるとして、1872（明治5）年には学制という教育制度を整えました。

　沖縄には、言葉や風習を日本本土と同じようにすることが求められ、その方法として教育に力が入れられました。1880（明治13）年に那覇に教員養成のための師範学校ができ、各地に小学校も開設されました。はじめのうちは農村の子どもたちは学校へ通うことは少なく、1896（明治29）年でも小学校に通う子どもは約30％でした。その後、義務教育制度が始まるとともに学校へ通う子どもの割合が増え、1906（明治39）年には約90％までになりました。

民権運動に力を注いだ謝花昇

　沖縄県の要職をしめ、経済をおさえていたのは県外出身の人々でした。そこで、沖縄の旧士族（もとの武士たち）らを中心に、県政を沖縄の人々の手に取りもどそうとする運動が起こりました。

　1891（明治24）年、謝花昇は帝国大学農科大学（現在の東京大学農学部）を卒業し、沖縄県庁の農業技師になりました。沖縄出身者が県庁の高い役職についたのは初めてでした。謝花は沖縄の農業の改革をめざしますが、県知事と対立するようになります。沖縄の近代化のためには、県政の改革が必要と考えた謝花は県庁をやめて、「沖縄倶楽部」という政治結社をつくって民権運動を始めます。当時、沖縄県民には選挙権がなく、これが県知事を追及できない原因だと考え、参政権獲得のための運動もしました。

謝花昇（1865〜1908年）。沖縄の民権運動家。
那覇市歴史博物館

学校教育が広まるにつれて、沖縄独自の文化が失われていったんだ。

県民のものだ!!
官有林にしよう!!
謝花昇は、農民たちの共有地だった杣山を、住民の所有にすべきとうったえた。知事は官有林にすべきとしたため、対立した。

本土に組みこまれる沖縄

土地制度の改革

　琉球王国の時代から、沖縄では地割制という古い土地制度が続いていて、これが沖縄の近代化をおくらせる原因のひとつになっていました。地割制とは、一定の共有地を、ある期間農民に割り当てて耕作させ、その期間が終わると割り当てし直すという制度でした。農民は自分の土地を持つことができず、それにもかかわらず、納税は農民自身がしなければならないため、たいへん苦しい生活をしいられていました。

　政府は安定した租税収入を得るために、1899（明治32）〜1903（明治36）年に土地整理を実施し、土地の所有を認めるなど、農民の負担を軽くしました。

改革前

改革後

農民が納税

土地の所有者が納税

土地を持てない

土地を持てる

同化政策が進む

　政府は、沖縄を日本に組み入れ、言葉や風習の面でも、本土と沖縄が同じようになることを望んでいました。中央集権の国をめざす政府は、沖縄県民に日本国民の一員であるという意識を植えつけようとしたのです。このような政策は、同化政策と呼ばれます。

　言葉や風習のちがう沖縄の人々は、本土の人から差別を受けることも多く、差別をおそれて日本との同化を望む沖縄県民もいました。琉球時代から受けつがれてきた独自の文化は、おくれたものと見なされ、しだいに失われていきました。

沖縄の言葉
　沖縄の言葉を話すことが禁止された。学校で沖縄の言葉を話すと、罰として方言札を首から下げさせられた。

琉球新報

カタカシラ
沖縄の男性の髪型。長髪を頭頂で結う。20世紀になるころには見られなくなった。
那覇市歴史博物館

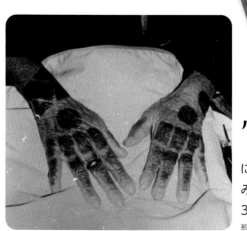

ハジチ
沖縄の女性が、両手に入れていた入れずみのこと。1899（明治32）年に禁止された。
那覇市歴史博物館

徴兵制度の実施

　強い軍備をめざす政府は、1873（明治6）年に徴兵令を公布し、原則として成人男性は、一定の期間兵役につかなければならないと定めました。沖縄では、それよりおくれて1896（明治29）年にまず教員に実施し、2年後には一般にも施行しました。

　このころ、日本はロシアとの間の対立が深まり、政府に多くの兵士を確保しておきたいという思いがあったため、沖縄での実施が急がれました。

　徴兵令は国民に、天皇のために戦う義務があるという意識を持たせることにもなりました。そのいっぽうで、軍に入った沖縄の若者たちは、言葉のちがいなどから差別的なあつかいを受けることもありました。

兵役につくって、どんな気持ちなんだろう。

徴兵検査の様子。入隊前に身体検査などが行われた。写真は昭和時代の本土のもの。

朝日新聞社／Cynet Photo

交通網の整備

　沖縄の近代化を進めるため、交通網の整備が行われました。19世紀末までに那覇と沖縄各地を結ぶ主要な道路を中心に多くの道路が整備され、貨物を積んだ馬車が行き交うようになりました。

　1914（大正3）年には、那覇ー与那原間に軽便鉄道がしかれました。軽便鉄道とは、線路はばがせまい規模の小さな鉄道のことです。軽便鉄道はその後も路線がのばされ、人や木材、サトウキビなどを運ぶのに役立ちました。

軽便鉄道の汽車。

那覇市歴史博物館

民族衣装を着た人々が見世物にされていた。

那覇市歴史博物館

人類館事件

　1903（明治36）年、大阪で開催された第5回内国勧業博覧会の会場周辺に、人類館という見世物小屋がつくられ、アイヌ、台湾先住民、琉球人、中国人などが見世物にされるというできごとがありました。このような行いは当時も問題であるとされ、中国などから強い抗議がありました。

　このできごとからも、当時の本土の人々が沖縄の人をどのように見ていたかがうかがえます。

戦争への道

第一次世界大戦による好景気

　資源のとぼしい沖縄では、産業の中心はサトウキビから砂糖（黒糖）を生産する製糖業でした。1912（明治45）年ごろには、沖縄の総生産額の約40%を製糖がしめるほどでした。

　1914（大正3）年、ヨーロッパを主な戦場として世界の多くの国が戦った第一次世界大戦が始まると、ヨーロッパの工業製品の生産が減り、日本は多くの製品を輸出して好景気になりました。砂糖もヨーロッパでの生産量が落ちたことで、沖縄の砂糖が注目され、値段が上がりました。そのおかげで沖縄の経済はうるおい、サトウキビ農家や砂糖をあつかう商人の中には大もうけをして、「砂糖成金」と呼ばれる人も現れました。

"ソテツ地獄"を味わう

　砂糖で利益が得られることがわかると、銀行からお金を借りて農場を広げる人もいました。しかし、1918（大正7）年に第一次世界大戦が終わり、ヨーロッパでの工業生産が回復すると、日本は一転して大不況におちいりました。

　製糖にたよっていた沖縄の経済も大きな打撃を受け、人々の生活は苦しくなりました。1919（大正8）年に税金をはらえない人の割合は0.3%でしたが、2年後の1921（大正10）年には40%をこえるまでになったことからも、深刻な状況がうかがえます。

　多くの人は、米どころかサツマイモさえ食べられず、やむなくソテツという植物の実や幹を食べました。ソテツには毒があり、手間をかけて調理しないと食中毒になり、命を落とす危険もありましたが、そうまでしなければならないほど追いつめられていたのです。当時の悲惨な状況は、"ソテツ地獄"と呼ばれています。

那覇市歴史博物館

砂糖生産の様子（昭和時代前期）。牛や馬にうすをひかせ、サトウキビをしぼり、そのしるから砂糖をつくっていた。

「成金」は、将棋で、歩が金と同じ動きができるようになることから生まれた言葉だよ。

1920年=100

黒糖の価格の移り変わり

『砂糖年鑑』日本砂糖協会編ほか

©PIXTA

毒を持つソテツとその実。

海外への移住と 本土への出かせぎ

1923（大正12）年、関東大震災にみまわれたことが、第一次世界大戦後の日本の不況に追い打ちをかけました。さらに、1920年代後半にかけて世界的な恐慌（経済が混乱し、景気が後退すること）が起こり、沖縄の経済にも大きな打撃をあたえていました。

このような苦しい生活からぬけ出そうと、沖縄からハワイ、ペルー、ブラジル、フィリピンなどの海外に移住する人もいました。しかし、移住先での生活も大半は働きづめの苦しいものでした。

海外への移住のほか、本土に出かせぎに行く人も大勢いました。その多くは、工場労働者として、低賃金、長時間労働、不衛生といった悪条件の下で働き、実家に送金していました。さらに、沖縄出身ということでいわれのない差別を受けることもありました。

沖縄からの集団海外移民は、1899（明治32）年に始まる。那覇港から横浜港に行き、ハワイに移民した。写真は、第1回の移民が乗ったチャイナ号。
那覇市歴史博物館

ハワイのサトウキビ農園で働く日本人女性。
Alamy／アフロ

赤は当時の日本の領土

ソビエト連邦
モンゴル
満州国
中華民国
日本

中国東北部に満州国が建てられた。

0　1000km

朝日新聞社／Cynet Photo

満蒙開拓団として、日本各地から農民たちが満州国などに移民した。

太平洋戦争が始まる

沖縄の苦しい状況を打開するため、1932（昭和7）年に、沖縄県振興事業計画が閣議決定されましたが、日本がしだいに戦争への道を歩み始めたために、ほとんど実行されませんでした。

中国へ侵攻した日本は、1932（昭和7）年に、中国東北部に日本が実権をにぎる満州国を建て、農業や工業のにない手として移民を送りこみました。沖縄からも約3000人が満州国にわたりましたが、沖縄とは気候が大きく異なる寒い土地で、苦労が多かったようです。

このころ日本では軍部が力を持ち、1937（昭和12）年には、日中戦争が起こりました。やがて、アメリカやイギリスとの対立が深まり、1941（昭和16）年12月には、太平洋戦争が始まりました。沖縄も、この戦争に巻きこまれていきます。

太平洋戦争の悲劇

沖縄が本土防衛の最前線に

　太平洋戦争の開戦後しばらくの間、日本軍は各地で勝利をおさめました。しかし、1942（昭和17）年6月のミッドウェー海戦に敗れてからは戦局はしだいに悪化していきました。食料不足などによって国民生活は苦しくなり、さらに1944（昭和19）年後半以降、アメリカ軍による日本国内への空襲も激しくなりました。

　日本軍は沖縄を本土防衛の最前線と位置づけ、沖縄の各地に軍事飛行場を建設し、1944（昭和19）年3月に第32軍を創設しました。飛行場などの建設に県民がかり出されたほか、学校や公民館などが兵舎に当てられました。

沖縄県民は、食料なども出すように命じられたよ。

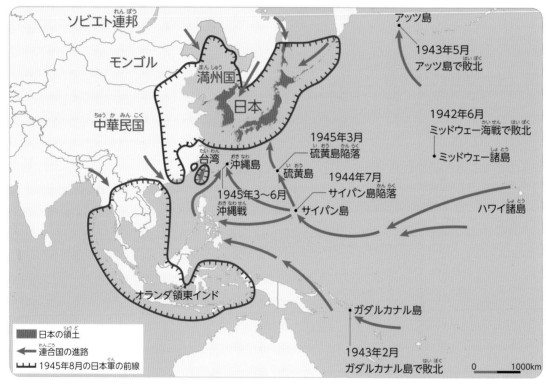

太平洋戦争の経過（1942年6月以降）
日本軍が占領していた南太平洋の島々が陥落し、アメリカ軍が本土にせまっていた。

激しい空襲にみまわれる

　1944（昭和19）年10月10日、南西諸島がアメリカ軍の激しい空襲にみまわれました。早朝から午後4時ごろまで、多数のアメリカ軍機がくり返し爆弾を投下しました。この空襲は十・十空襲と呼ばれ、死者約670人、負傷者約900人、全壊または全焼の家屋は1万1500戸にのぼりました。

　その中でも那覇市の被害はとくに大きく、市街地の約90％が焼失してしまいました。

1944年10月10日の那覇市への空襲。

那覇市歴史博物館

地上戦が始まる

　沖縄島侵攻をめざすアメリカ軍は、1945（昭和20）年3月26日の慶良間諸島上陸についいで、4月1日に沖縄島に上陸しました。アメリカ軍は沖縄島の各地を攻撃し、占領していきました。住民や日本軍関係者は、ガマと呼ばれるどうくつに身をひそめましたが、激しい攻撃で子どもたちをふくむ多くの命が失われました。また、アメリカ軍にとらえられることを恐れて集団自決した人も多数いました。

　太平洋戦争で、日本の国土で地上戦が行われたのは、硫黄島を除き沖縄だけでした。

那覇市歴史博物館

アメリカ軍は、占領した飛行場を守るために、夜間に日本軍の飛行機が近づけないように、激しい対空砲火を行った。

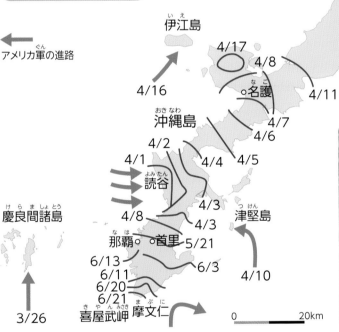

アメリカ軍の侵攻

← アメリカ軍の進路

辺戸岬 4/13
伊江島
4/17
4/8
4/16
名護
4/11
沖縄島
4/7
4/2
4/6
4/1
4/4
4/5
読谷
4/3
4/8
津堅島
慶良間諸島
4/3
那覇　首里
5/21
6/13
6/3
6/11
6/20
6/21
4/10
喜屋武岬　摩文仁
3/26

0　　　　20km

多くのとうとい命が失われてしまったんだね。

那覇市歴史博物館

沖縄島に上陸するアメリカ軍。

那覇市歴史博物館

沈没した「対馬丸」。

「対馬丸」の沈没

　戦局が悪くなると、政府は沖縄から女性、子ども、老人を中心に10万人を本土や台湾へ疎開（ひなんすること）させることを決めました。

　1944（昭和19）年8月、那覇を出港した疎開船「対馬丸」が九州に向かう途中、アメリカ軍の攻撃で沈没しました。「対馬丸」には子どもをふくめ約1800人が乗船していましたが、助かったのは300人足らずだったといわれています。

終戦時の沖縄

第32軍の撤退

　上陸したアメリカ軍に対し、首里に司令部を置いていた日本の第32軍は激しくていこうしました。しかし、しだいに武器も少なくなり、1945（昭和20）年5月22日、首里を放棄して、南部に撤退します。そして、5月末、アメリカ軍が首里を占領しました。

　撤退した日本軍や日本軍と行動をともにする住民たちに対して、アメリカ軍は火炎放射器などを使って攻撃し、多くの犠牲者を出しました。当時、日本軍は兵士や住民に対して、「捕虜になるくらいなら自決せよ」と言いわたしていたため、追いつめられた人の中には、がけから身を投げて命を絶つ人も多くいました。

組織的な戦闘が終わる

　沖縄島南端の摩文仁でていこうを続けていた日本軍でしたが、司令官が「最後まで戦うように」との命令を残して、6月23日に自決しました。これ以降、日本軍による組織的な戦闘はなくなりました。

　アメリカ軍は7月2日に、沖縄での軍事作戦の終了を宣言しました。しかし、その後も司令官の最後の命令に従って戦闘を続ける部隊もあり、結果として兵士や住民の犠牲者を増やすことになりました。

　日本軍が正式に降伏したのは、9月7日のことでした。悲惨な地上戦によって、約20万人の命が失われることになりました。

戦前の首里城。アメリカ軍の攻撃によって、5月27日に焼失した。　那覇市歴史博物館

火炎放射器でガマ（どうくつ）ににげこんだ人を攻撃するアメリカ軍。　那覇市歴史博物館

沖縄戦の戦没者数（推計）
「沖縄の援護のあゆみ」1996年　沖縄県生活福祉部

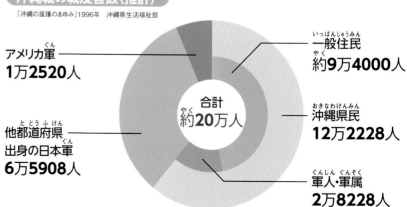
アメリカ軍　1万2520人
一般住民　約9万4000人
沖縄県民　12万2228人
他都道府県出身の日本軍　6万5908人
軍人・軍属　2万8228人
合計　約20万人

戦争の終結

　沖縄で地上戦が行われていたころ、日本の敗戦はさけがたくなっていました。8月には広島と長崎に原子爆弾が投下され、さらにソ連が戦争に加わるにいたって日本は降伏を決め、8月15日、ラジオ放送で昭和天皇から国民に向けて敗戦が告げられました。

　沖縄の戦闘は、日本の本土決戦までの時間をかせぐためのものであり、沖縄は日本から見捨てられたようなものでした。その分、沖縄県民の犠牲が大きくなったのです。

降伏文書に調印するアメリカ軍代表と南西諸島の日本軍代表。1945年9月7日。

那覇市歴史博物館

収容所から始まった戦後

　敗戦後、住むところや働く先を失った沖縄の多くの人々は難民となり、アメリカ軍がつくった収容所に入れられました。ガマなどに身をかくしていた人たちも投降したため、収容所は多くの人々であふれ返りました。収容所での住まいはテントで、食料はわずかでした。マラリアなどの感染症やけが、栄養失調などで亡くなる人も多く、さらにアメリカ兵による殺傷事件や女性への暴行事件も絶えませんでした。

戦後間もなくつくられた収容所の様子。

那覇市歴史博物館

沖縄の慰霊の日

　日本軍の組織的な戦闘が終わった6月23日は「沖縄慰霊の日」とされています。この日は、沖縄県が沖縄戦で犠牲になった人々を追悼する日と定めています。

　糸満市の摩文仁にある沖縄平和祈念公園では戦争で亡くなった人々を慰霊する式典が開かれ、平和への願いを新たにする平和宣言が発表されます。

沖縄慰霊の日に行われる平和式典の様子。

UPI/アフロ

アメリカ統治下の沖縄

アメリカ軍の統治下に置かれる

　沖縄に侵攻したアメリカ軍は、南西諸島での日本の権限の停止と占領の開始を宣言する布告を出しました。終戦後の日本は、アメリカなど連合国に占領され、連合国軍最高司令官総司令部（GHQ）の指示のもとに民主的な平和国家としての道を進むことになりました。しかし、沖縄は本土とは異なる歩みをすることになります。

　1946（昭和21）年1月に、GHQは北緯30度から南の南西諸島を日本から分離して統治すると発表しました。ところが、統治の方針ははっきり定まっておらず、1949（昭和24）年まで、沖縄は「忘れられた島」といわれるような状態でした。

焼けあとになった町を歩くアメリカ軍の兵士。

那覇市歴史博物館

「太平洋の要石」となる

　第二次世界大戦後の世界では、アメリカを中心とする資本主義の国々とソビエト連邦を中心とする社会主義の国々が対立していました。1949（昭和24）年、中国に社会主義の中華人民共和国が建国され、翌1950（昭和25）年には、朝鮮半島で、資本主義陣営と社会主義陣営の対立から戦争が起こりました（朝鮮戦争）。

　このような情勢にあってアメリカは、社会主義陣営の拡大を防ぐために、沖縄を長期的に統治して基地を拡大するという方針を打ち出しました。沖縄は、戦略上の重要地点として、「太平洋の要石」と考えられるようになったのです。

　1952（昭和27）年4月、日本がアメリカなどと結んだサンフランシスコ平和条約が発効して、日本は主権を回復しましたが、沖縄は引き続きアメリカの統治下に置かれました。

沖縄県立博物館・美術館

沖縄のアメリカ軍の車両のナンバープレートには、「KEYSTONE OF THE PACIFIC＝太平洋の要石」と書かれていた。

Cynet Photo

1951年9月8日、サンフランシスコ平和条約に署名する吉田茂首相（当時）。この条約によって、日本は独立を回復した。

琉球政府の発足と土地収用

　終戦後、沖縄の多くの人々は、知事や議員など自分たちの代表を住民自身で選びたいと考え、1950（昭和25）年に、南西諸島を4つの地域に分けて代表を選ぶ選挙を行いました。当選者の多くは、沖縄の日本復帰を望む人たちでした。ところがそれは沖縄を日本から分離したいと考えていたアメリカにとっては望ましい結果でなかったため、1952（昭和27）年に4地域をまとめた琉球政府を発足させ、それにアメリカが指令する体制をつくりました。

　同じころ、サンフランシスコ平和条約が結ばれたことで、それまでアメリカ軍が勝手に使っていた軍用地が、土地の所有者との間に契約がなければ利用できなくなりました。しかし、アメリカ軍が提示する条件が悪く、契約に応じる人はあまりいませんでした。そこで、1953（昭和28）年に、アメリカは「土地収用令」を出し、武力で強制的に土地を利用できるようにしました。

琉球政府のビル。
那覇市歴史博物館

初代の琉球政府主席には、アメリカの考えに近い人が任命されたよ。

アメリカ統治下の暮らし

　アメリカの統治下にあった沖縄の人々は、さまざまな面で、日本の本土とは異なる暮らしをしていました。道路は、本土とは逆に自動車が右側を走るルールでした。通貨も日本円ではなく、当初は軍が発行したB円が、ついでドルが使われました。また、日本の本土に行くには、パスポートなどが必要でした。

　いっぽうで、音楽や食べ物など、アメリカの文化が沖縄の伝統的な文化に加わり、独自に発展していきました。

1963年の那覇市の国際通りの様子。自動車が右側を通っている。
那覇市歴史博物館

アメリカ軍が発行したB型軍票。B円と呼ばれ、1948年から1958年9月まで使用された。
アフロ

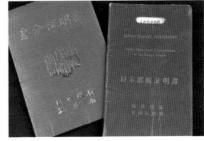
沖縄から日本の本土に行くには、渡航証明書（パスポート）と身分証明書が必要だった。
毎日新聞社/アフロ

日本への復帰

高まる復帰への思い

アメリカによる統治下の沖縄では、軍事が何よりも優先され、住民の人権がかえりみられないことがよくありました。アメリカ兵が犯罪や交通事故を起こしても、独自に逮捕や裁判はできず、軍の裁判にかけられる決まりでした。そのため、アメリカ兵に落ち度があっても無罪になることも少なくありませんでした。また、被害者である沖縄住民への補償も限られていました。そのほかに、アメリカ軍基地が原因の環境破壊などによる被害もありました。

長年アメリカの統治下でがまんしてきた住民の間に、早く日本に復帰してこうした被害をまぬがれたいと思う気持ちが高まっていきました。

那覇市歴史博物館

沖縄の日本復帰をうったえる祖国復帰県民総決起大会の様子（1964年）。サンフランシスコ平和条約が発効した4月28日を、沖縄が日本と切りはなされた日として、毎年復帰大会が開かれた。

日米政府の沖縄返還の動き

1960年代、日本は高度経済成長の道を歩んでいました。アメリカは、経済的に豊かになった日本に、軍事的、経済的な役割をになわせて、アジア地域を社会主義陣営から守らせたいと考えました。いっぽう、日本国内でも沖縄返還を求める気運が高まっていました。

1965（昭和40）年に沖縄を訪れた佐藤栄作首相が、「沖縄が復帰しない限り、日本の戦後は終わらない」と述べるなど、アメリカとの交渉を進め、1969（昭和44）年に、3年後の沖縄返還が発表されました。

沖縄の人々は、基地のない沖縄としての復帰を願っていましたが、日米政府は基地を存続させる方針で合意したため、沖縄復帰は住民の願いとは異なるものとなりました。

沖縄の人たちは、基地のない平和な島になることを願っていたんだ。

沖縄県公文書館

1965年8月に、戦後日本の首相として初めて沖縄を訪れた佐藤栄作首相。

沖縄が日本に返還される

　政府と住民の思いがすれちがったまま、1972（昭和47）年5月15日、沖縄が日本に復帰しました。終戦の年から数えて27年めのことでした。東京と那覇で記念の式典が行われ、沖縄県知事もあいさつに立ちました。その中で知事は、「沖縄の復帰の日は疑いもなくここにやってきたのであります。しかし、米軍基地の問題をはじめ、いろいろな問題を持ちこんで復帰したわけであります。したがって、これからもなお厳しさが続き、新しい困難が続くかもしれませんが…」と述べています。

　この言葉からも、日本への復帰のあり方が、沖縄の人々の願いとかけはなれたものだったことがうかがえます。

通貨と交通の変更

　日本に復帰した沖縄では、通貨がそれまでのドルから日本円に変わりました。銀行では、ドルを円に交換する人たちの長い列ができました。ものの値段も円で表示することになりましたが、便乗値上げなどもあって物価が急激に上がり、経済が混乱しました。

　日本の法律の適用や県議会議員の選挙などの制度の変更も行われました。

　制度変更の最後に行われたのが交通ルールの切りかえです。復帰から6年たった1978（昭和53）年7月、自動車の右側通行から左側通行への変更が実施されました。道路標識を新しくするなど、多額の費用がかかりましたが、沖縄県の経済にとっては、よい効果をもらたしました。

混乱もあったんだね。

沖縄復帰記念式典であいさつをする屋良朝苗沖縄県知事。

ドルを円に交換するために並ぶ人々。

交通ルールの切りかえはひと晩のうちに行われた。大勢の人が切りかえの様子を見守った。

復帰後の道のり

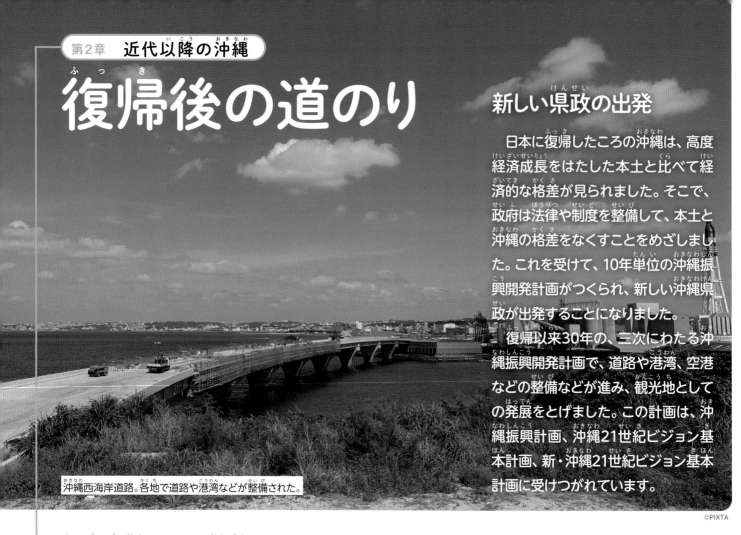

沖縄西海岸道路。各地で道路や港湾などが整備された。

新しい県政の出発

　日本に復帰したころの沖縄は、高度経済成長をはたした本土と比べて経済的な格差が見られました。そこで、政府は法律や制度を整備して、本土と沖縄の格差をなくすことをめざしました。これを受けて、10年単位の沖縄振興開発計画がつくられ、新しい沖縄県政が出発することになりました。

　復帰以来30年の、三次にわたる沖縄振興開発計画で、道路や港湾、空港などの整備などが進み、観光地としての発展をとげました。この計画は、沖縄振興計画、沖縄21世紀ビジョン基本計画、新・沖縄21世紀ビジョン基本計画に受けつがれています。

©PIXTA

復帰記念事業の開催

　沖縄の本土復帰を記念する事業が行われました。1972（昭和47）年には復帰記念植樹祭が、1973（昭和48）年には沖縄特別国民体育大会が、1975（昭和50）年には、沖縄国際海洋博覧会（沖縄海洋博）が開催され、多くの国民や沖縄県民の関心を集めました。

　沖縄国際海洋博覧会は、「海—その望ましい未来」をテーマとして約半年間開催され、海に関する展示やイベントが行われました。しかし、来場者が予想より少なかったことや会場の建設にともなって環境破壊が進んだなどの問題もありました。

沖縄国際海洋博覧会で建設された人工島「アクアポリス」。

朝日新聞社／Cynet Photo

沖縄海洋博の入場者は、約350万人だったよ。

復帰記念植樹祭の会場。沖縄戦で最も被害の大きかった糸満市摩文仁で行われた。

沖縄県公文書館

主要国首脳会議の会場になる

沖縄国際海洋博覧会をきっかけに、沖縄の観光業が発展し、本土や海外からの観光客が増えていきました。現在にいたるまで、観光業は沖縄の大切な産業となっています。

2000（平成12）年には、主要国首脳会議（サミット）が沖縄県名護市で開催されました。主要国首脳会議が日本で開催されるのは4回目でしたが、東京以外での開催は初めてであり、国際的に沖縄が注目されることになりました。

沖縄で開催された主要国首脳会議。復元された首里城の前で、各国の首脳たちが並んで記念撮影をした。

復帰50周年をむかえる

2022（令和4）年、沖縄は本土復帰50周年の節目の年をむかえました。復帰から50年、県民のたゆまぬ努力によって観光県として成長をとげ、多くの人々が訪れるようになりました。また、道路や橋、空港や港湾、ダムや上下水道、住宅などが整備され、県民の暮らしはより豊かになりました。それとともに、美しい海や豊かな森林などの自然や独自の文化が受けつがれ、魅力の多い地域としての歩みを続けています。

沖縄復帰50周年記念式典の様子。

さまざまな問題の中で

沖縄は、本土とは異なる歩みをしてきました。特に太平洋戦争での地上戦、戦後のアメリカによる統治と日本への復帰という、沖縄だけが経験した歴史にもとづくさまざまな問題が今も残っています。そうした問題に向き合うことで、これからの沖縄がどのように進んでいくのか、またそれを日本全体の問題としてどのように解決していけばよいのかを考えていかなければなりません。

沖縄にあるアメリカ軍基地。基地問題は、沖縄がかかえる大きな問題のひとつだ。

苦難の道を歩んだ沖縄

沖縄は、琉球王国の時代から、さまざまな苦難の道を歩んできた。

沖縄の歩みを学んでみて、どうだったかな?

………

う～ん

はぁ

なんだか暗い気分になっちゃった。

私も。

それはどうして?

琉球王国として栄えていたのに…。

ドドドドッド

薩摩藩に攻め入られて支配されちゃったでしょ。

明治時代には琉球王国はなくなってしまうし…。

どすっ

琉球人だ…
 フフフ…

沖縄の人たちが差別されて…。

戦争のときも悲しいことがたくさんあったね。

子どもたちまで戦いに巻きこまれたなんて、許せない！

戦争が終わってからも…、

アメリカの統治

米兵の事件や事故

苦労したんだよね。

今の沖縄にも、沖縄ならではの問題がたくさんあるんだよ。

基地問題

領土問題

経済格差

第3巻では、今の沖縄を深ぼりしていくよ。

はい!!

沖縄の歴史

約2万2000年前　港川人が暮らしていた。

約9000年前　貝塚文化が始まる。

約2000年前　貝の装身具などが、九州などに運ばれる。

12世紀ごろ　農業が広まる。

12世紀　グスクと呼ばれるとりでが各地につくられる（グスク時代）。

14世紀　沖縄島が3つの勢力に分かれる（三山時代）。

1372年　中山王が明（中国）に使いを送る。

14～15世紀　日本、中国、東南アジアなどとの中継貿易で栄える。

1429年　尚巴志が沖縄島を統一し、琉球王国を建てる。

1470年　金丸が尚円王になる。

1477年　尚真が王になり、琉球王国が最盛期をむかえる。

1609年　薩摩藩が攻め入る。

1853年　アメリカのペリーが訪れる。

1872年　琉球藩を置く。

1879年　沖縄県を置く（琉球王国の終わり）。

1914年　第一次世界大戦で砂糖の値段が上がる。戦後は不況になる。

1941年　太平洋戦争が始まる。

1945年　地上戦が行われる。敗戦で、アメリカの統治下になる。

1951年　サンフランシスコ平和条約（翌年発効）。

1952年　琉球政府が発足する。

1972年　日本に返還される。

1975年　沖縄国際海洋博覧会を開催する。

2000年　主要国首脳会議を開催する。

第2巻のまとめ

各地につくられたグスク

国立文化財機構所蔵品統合検索システム
(https://collection.kyuhaku.jp/advanced/13675.html)

江戸（東京）に送られた琉球使節

那覇市歴史博物館
沖縄地上戦でのアメリカ軍の攻撃

沖縄県公文書館
沖縄返還式典

主要国首脳会議

朝日新聞社／Cynet Photo

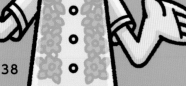

38

さくいん

沖縄から考える戦争と平和

教えて！池上彰さん

第2巻 沖縄の歩みと戦争

監修 池上彰（いけがみ・あきら）

1950年生まれ。ジャーナリスト、名城大学教授、東京工業大学特命教授、東京大学客員教授、愛知学院大学特任教授。立教大学、信州大学、順天堂大学でも講義を担当。慶應義塾大学卒業後、73年にNHK入局。94年から11年間、「週刊こどもニュース」のお父さん役として活躍。「知らないと恥をかく世界の大問題」シリーズ、『何のために伝えるのか？ 情報の正しい伝え方・受け取り方』（KADOKAWA）、『池上彰の「経済学」講義1・2』（角川文庫）など著書多数。「教えて！池上彰さんどうして戦争はなくならないの？ 地政学で見る世界」シリーズ（小峰書店）など監修も多数。

ブックデザイン	高橋コウイチ（WF）
企画・編集	山岸都芳（小峰書店）
編集協力	大悠社
表紙イラスト	フジタヒロミ（ビューンワークス）
イラスト	すぎうらあきら
図版作成	アトリエ・プラン

２０２４年４月９日　第１刷発行

監修者	池上彰
発行者	小峰広一郎
発行所	株式会社 小峰書店

〒162-0066 東京都新宿区市谷台町4-15
電話 03-3357-3521　FAX 03-3357-1027
https://www.komineshoten.co.jp/

印刷	株式会社 三秀舎
製本	株式会社 松岳社

NDC389　39P　29×23cm
ISBN978-4-338-36702-8
©2024 Komineshoten Printed in Japan

参　考　文　献

●宮城弘樹『琉球の考古学』(敬文舎)●紙屋敦之『日本史リブレット43 琉球と日本・中国』(山川出版社)●高良倉吉『琉球王国』(岩波書店)●赤嶺守『琉球王国』(講談社)●豊見山和行編『日本の時代史18 琉球・沖縄史の世界』(吉川弘文館)●比嘉政夫『沖縄からアジアが見える』(吉川弘文館)●松島泰勝編著『歩く・知る・対話する琉球学(明石書店)●楳澤和夫『これならわかる沖縄の歴史Q&A 第2版』(大月書店)●上里隆史『マンガ 沖縄・琉球の歴史』(河出書房新社)●上里隆史監修『琉球・沖縄もっと知りたい! くらしや歴史』(岩崎書店)●新城俊昭『教養講座 琉球・沖縄史 改訂版』(編集工房 東洋企画)●新城俊昭『新訂 ジュニア版 琉球・沖縄史』(編集工房東洋企画)●田名真之監修『琉球・沖縄を知る図鑑』(平凡社)●昭文社編集部編『地図で読み解く初耳秘話 沖縄のトリセツ』(昭文社)●原口泉『日本人として知っておきたい琉球・沖縄史(PHP研究所)●新城俊昭監修『いまこそ知りたい!沖縄が歩んだ道1～3』(汐文社)●安斎育郎『ビジュアルブック 語り伝える沖縄 第1巻～第5巻』(新日本出版社)●新崎盛暉ほか『観光コースでない沖縄 第5版』(高文研)